# DISCOURS

*prononcé le 13 Décembre 1903*

en l'Église Saint-Philippe-du-Roule

PAR

## S. G. Monseigneur TOUCHET

ÉVÊQUE D'ORLÉANS

en faveur de la reconstruction de

## L'ÉGLISE DE SAINT-PIERRE DE TERRE-NEUVE

EN VENTE A PARIS

AU PROFIT DE L'ŒUVRE

22, Rue de Varenne, 22

1903

Aujourd'hui, en cette chaire, m'adressant à vous, je suis un avocat,

Etant avocat, je plaide assurément contre quelqu'un et pour quelqu'un ; à moins que ce ne soit contre quelque chose et pour quelque chose.

Et c'est tout à fait cela. Je plaide contre un adversaire, de résistance variable ; très égoïste souvent, très débonnaire quelquefois ; énorme quelquefois, mince souvent ; un adversaire que plusieurs ne connaissent pas à fond, mais que moi je connais trop à fond ; un adversaire qui vous tient par mille liens secrets et discrets ; un adversaire digne de respect et digne de mépris. — Je pourrais multiplier les antithèses jusqu'à l'infini et fort inutilement d'ailleurs, car vous-même vous m'avez compris ; vous l'avez nommé, l'adversaire redoutable et débile auquel j'en veux : c'est votre bourse.

Et en faveur de qui m'attaqué-je à votre bourse ?

Mgr Légasse m'invitant à cette solennité m'écrivait quelque chose comme ceci : Je vous en supplie, venez. Vous parlerez pour des Normands, des Basques, des Bretons. Les Normands sont vos frères ; les Basques sont vos cousins ; les Bretons sont vos amis. Soit. Cependant, je prends une formule plus simple et je dis : je plaide pour une grande misère, une très grande misère.

Ici, sans plus tarder, et dans la crainte d'encourir le reproche qui tombe et retombe sur l'avocat de la comédie, j'en viens au fait.

Donc, dans la nuit du 1ᵉʳ au 2 novembre de l'année 1902, l'alarme était donnée, violente, subite, dans la ville de Saint-Pierre, chef-lieu des îles Saint-Pierre et Miquelon : « Le feu est à l'église ! Le feu est à l'église ! »

Il faut vous dire que l'église était toute en bois. Pour comble de disgrâce, le vicaire apostolique actuel, Mgr Légasse, avait ordonné un agrandissement nécessaire. Naturellement, la seconde construction s'était établie sur le type de la première. Beaucoup de boiseries étaient neuves ; bien plus, elles venaient d'être peintes : les peintures n'étaient pas même sèches.

Il advint ce qui devait advenir : lorsque le feu fut là-dedans, ça flamba comme allumettes. Au matin, tout était renversé et tout avait péri. Les vases sacrés, les crucifix, les chandeliers, les cloches avaient fondu dans le brasier ; plus d'ornements sacerdotaux, plus de grandes orgues, plus d'harmoniums, plus de statues, plus d'autels, plus de tabernacle, hélas! plus de mobilier, de quelque sorte que ce fût. On a retrouvé sous les cendres refroidies un battant de cloche tordu par la flamme et un pied de calice ou de ciboire — on n'a pu trop identifier la pièce — lesquels avaient à demi échappé au désastre, protégés qu'ils furent par un amoncellement de plâtras, probablement. Rien autre chose ne subsiste de l'ancien monument. Rien !...

Le presbytère qui jouxtait l'église, de bois comme elle, fut incendié avec elle. L'*Illustration* d'alors a représenté « le vieux Curé » sautant par une fenêtre afin d'échapper au fléau qui avait fermé toutes les issues de sa maison. Sauf que le Curé est jeune encore, les détails de la scène sont absolument exacts.

Vous vous représentez la désolation des Prêtres, de la population de Saint-Pierre en ce 2 novembre, en cette journée des morts 1902.

C'est pour relever cette ruine que je vous tends la main, que j'en veux à ma « chère ennemie » votre bourse.

Veuillez bien avant tout retenir ce point. Si les Saint-Pierrais n'avaient commencé l'œuvre de relèvement, je ne vous convierais point.

« Aide-toi, le ciel t'aidera ! »

Mais en vérité, les compatriotes de là-bas ne sont pas en retard. Dès le lendemain du désastre, ils organisèrent des quêtes, des loteries, des souscriptions. Je ne dirai pas suivant la phrase stéréotypée que les riches furent généreux et que les pauvres rivalisèrent avec les riches. Il n'y a pas de « riches » à Saint-Pierre. Il y a de braves travailleurs qui suffisent péniblement à leur existence ; et, d'autres, comme partout, qui y suffisent moins. Un de ceux-ci, vieux matelot, dans le temps redoutable exterminateur de morues, et réduit à la pauvreté depuis, se priva dix jours d'eau-de-vie ou de tabac pour donner sa pièce d'un franc. Des petites filles brisèrent leur tirelire et il s'en échappa plusieurs gros sous. Une pauvre vieille mendiante remit le produit d'une de ses douloureuses journées : « Prenez, Monsieur le Curé, disait-elle, prenez. C'est bien peu. C'est cependant tout ce que j'ai ramassé aujourd'hui. » Puis, tournant ses yeux, demi usés vers le monceau de cendres et de débris : « Prenez, insistait-elle. Je sens que j'ai besoin d'église plus encore que de pain. »

Que ces offrandes de petites gens sont donc touchantes ! Ne vous remettraient-elles point en mémoire la belle scène évangélique du denier de la veuve.

Jésus, un jour, était assis, las d'avoir longuement et vivement parlé, sous les portiques du temple, et il regardait la foule. Le spectacle d'une foule tranquille repose. De l'endroit où il se tenait il pouvait voir la Salle du Trésor et, non loin, les troncs destinés à recevoir les oblations. Chaque passant fidèle s'arrêtait et laissait tomber sa pièce de monnaie. Soudain, l'œil distrait du Maître se fixa. Une veuve s'approchait : timidement, elle déposa deux leptes, un centime à peine. « Avez-vous vu, dit Jésus en souriant à ses disciples.

Avez-vous vu ? Celle-ci a donné plus que tous les autres. »

Ne trouvez-vous pas que du haut de son ciel, de ce pays que nous connaissons si peu, Jésus-Christ, contemplant le vieux matelot, les petites filles et la mendiante de l'île Saint-Pierre, dut encore sourire

Un sourire de Jésus !

Jadis un sourire de Jésus apaisait la tempête déchaînée ! Un sourire de Jésus multipliait le vin dans la misérable salle à manger de Cana et le pain parmi les herbes courtes et fraîches du désert ; un sourire de Jésus et l'œil des aveugles-nés s'ouvrait, et les boiteux redressés accouraient et les morts se relevaient de leur tombe. C'était le moment joyeux et sacré des miracles du Dieu fait homme.

......... De son sourire Jésus n'a point fait germer d'église sur le sol de Saint-Pierre. Jésus, j'imagine, aura pensé que ceux de Saint-Pierre ayant fait leur devoir, nous aussi nous ferions le nôtre.

Le nôtre... Notre devoir... Voilà un grand mot pensez-vous. Pourquoi serait-ce notre devoir de venir en aide à cette poignée de pêcheurs de morue (ils ne sont pas douze mille), perdus là-bas devers le pôle sur deux rochers stériles.

Vous parlez d'or, mes frères. C'est vrai ! ils ne sont pas douze mille. C'est vrai ! ils sont pêcheurs de morue, tous ou presque tous. C'est vrai ! ils sont perdus là-bas devers le pôle : C'est vrai ! leurs rochers Saint-Pierre et Miquelon ne dressent au-dessus d'une mer presque éternellement grondeuse, qu'un front têtu, dépouillé, où l'homme accrocha comme il put quelques maisons, je pourrais dire sans injurier qui que ce soit, ni quoi que ce soit, quelques bicoques.

Mais prenez garde ... Si j'allais me servir de toutes les circonstances contre vous ! Si j'allais justement

vouloir tirer mes avantages contre vous de votre dis-
cours ?

Or, c'est ce que je fais résolument.

Ils ne sont pas une douzaine de mille, non ! — met-
tons de l'amertume dans ce non — Non ! ils ne sont
pas une douzaine de mille. Savez-vous comment et
pourquoi ?

La première moitié du xviiie siècle étant écoulée, et
le règne de Louis XV ne penchant pas encore beaucoup — c'était pour notre malheur — vers son déclin,
la guerre de sept ans éclata. De cette guerre, notre am-
bassadeur Bernis a résumé les résultats en quelques
phrases cinglantes : « Il est singulier, écrivait-il, que
toutes les cours aient manqué leur but en cette guerre.
Le roi de Prusse prétendait opérer une grande révo-
lution en Europe, rendre l'empire alternatif entre les
protestants et les catholiques, échanger les états et
prendre ceux qui seraient le plus à sa convenance. Il
a acquis beaucoup de gloire... mais il a ruiné ses peuples, épuisé ses trésors, dépeuplé ses Etats. Il laissera
à son héritier une puissance peu solide. L'impératrice
d'Autriche (Marie-Thérèse) a augmenté l'idée qu'on
avait de son courage, mais elle n'a rempli aucun des
objets qu'elle s'était proposés. La Russie a montré à
l'Europe la milice la plus invincible, mais la plus mal
conduite. Les Suédois ont joué inutilement un rôle
subalterne et obscur. Le nôtre a été extravagant et
honteux. » (1)

Extravagant ? honteux ! Les mots sont durs. Ils sont
exacts.

Or avez-vous remarqué ce fait historique ? Depuis
qu'il se parle chez nous de colonies, si dans le vieux
monde nous avons le malheur de jouer un rôle « extra-

(1). *Histoire Générale du IV° siècle à nos jours.* Tome VII, 1715-1788,
p. 256, 257. — Librairie Armand Collin.

vagant et honteux », aux colonies, nous nous retrouvons. Les coloniaux couronnent notre pays du panache d'héroïsme, dont, par la grâce de Dieu, il n'apprit jamais à se passer tout à fait. N'est-ce pas vrai ? Ne savons-nous pas, nous, dis-je, ne savons-nous pas que c'est vrai ! Est-ce que nos coloniaux récents ne sont pas Rivière, Berthe de Villiers, Négrier, Duchêne, Marchand ? Est-ce qu'ils n'ont pas été très beaux communément, parfois superbes ?

Eh bien ! à l'époque dont je parle, à l'époque du xviiie siècle, où la France faisait « figure extravagante et honteuse », sur le vieux continent ; elle faisait figure magnifique, figure héroïque sur les continents nouveaux.

Dans l'Hindoustan, quels hommes que La Bourdonnais, amiral sur son vaisseau, général sous sa tente, administrateur dans son palais ; Lally le terrible et tragique Irlandais qui, condamné au supplice en place de Grève par les « chats fourrés du Parlement », leur découvrit tout à coup sa tête blanchie et sa poitrine hachée de cicatrices, criant à ses juges pâles d'émoi sous leur robe rouge, et, aussi, à la postérité qui, du coup, en cassa leur jugement : « Voilà donc la récompense de cinquante-cinq ans de services ! »; Dupleix l'ancêtre direct de Cecil Rhodes, plus grand que son petit-fils, le simple particulier fondateur d'empires, le Napoléon de l'Inde avant l'apparition de Napoléon ; sa femme « la princesse Jeanne », sa femme, qu'on peut bien nommer parmi les hommes, puisqu'elle entretenait à ses frais la plus extraordinaire des diplomaties, levait et commandait des bataillons d'artilleurs, gouvernait des places assiégées ; Bussy « grand comme le monde », plus grand que tout certifiait Dupleix. Grâce à la misère morale du Gouvernement de Paris, ils ne nous sauvèrent à peu près rien des terres merveilleuses, quelques comptoirs au plus. Au moins ne laissèrent-ils rien perdre de notre vieil et renommé honneur.

Et tandis que ceux-ci luttaient aux pays du soleil et des tigres, sous les forêts de palmes, d'autres se battaient aux pays des singes et des ours, parmi les pins géants du Canada.

Ils s'appelaient Duquesne, de Contrecœur, de Semonville et plus fameux qu'eux tous, à juste titre, Montcalm, auquel Dieu fit cet honneur qu'il mourut sur un champ de bataille, comme Turenne, et reçut la suprême hospitalité d'une fosse creusée par un boulet.

Notre protectorat s'étendait alors sur la rive droite et la rive gauche du Mississipi, du Missouri, du fleuve Rouge et de l'Ohio, vers le golfe Persique ; sur le Canada, vers le Pôle. Les trois quarts de l'Amérique du Nord étaient à nous. Normands, Basques, Bretons : Jean Denis d'Honfleur, Jean Ribaut de Dieppe, Dominique Gourgues, le hardi Gascon, Jacques Cartier, Champlain, de Roberval, Maisonneuve, Mademoiselle Mance, des Récollets, des Jésuites, des Sulpiciens, des pasteurs protestants, tous bons Français, nous avaient donné ce monde.

Oui un monde ! un monde près duquel l'Europe entière est petite ! La nouvelle France, la colonie quasi auguste dans laquelle les premiers explorateurs avaient dépensé tant de courage, de souffrance, d'enthousiasme, de génie, fut perdue comme les Indes, pour ces mêmes motifs. Louis XV ! Louis XV ! la marquise de Pompadour ! la comtesse Du Barry ! Stamboul à Versailles ! L'incurie ! L'incapacité ! Les yeux fermés sur l'abîme où sombrent pêle-mêle couronnes, monarchies, peuples, prospérités nationales !

De tout ce monde il nous reste Saint-Pierre et Miquelon. Plus de Louisiane ! Plus d'Acadie ! Plus de Canada ! Plus d'immensités neigeuses ou fleuries. Plus de fleuves roulant l'or. Plus de forêts vierges, enchanteresses. Dans la brume presque éternelle deux rochers ! A cette possession, à cette lande étroite, granitique, sont réduits les fils des Conquistadores immenses. N'importe, ce lopin de territoire, c'est le débris du patrimoine familial, c'est la chambre conservée dans un coin du château ruiné ; c'est la relique d'un passé de gloire et de puissance, le parchemin précieux qui certifie une noblesse authentique.

Et voilà pourquoi il nous émeut, pourquoi nous l'aimons, pourquoi, dès qu'on y souffre plus que de coutume, il s'élève en l'âme de la Mère-Patrie, un gémissement. Si la Mère-Patrie, la France, ne sentait pas ainsi, serait-elle la Mère-Patrie, la France. Qu'en dites-vous ?

Récemment, — il y a huit jours — les journaux nous annonçaient que le Canada et les Etats-Unis, déjà mal d'accord par suite de la sentence arbitrale prononcée entre eux, dans l'affaire de l'Alaska, se refroidissaient encore par suite de la vente de Saint-Pierre et Miquelon aux Etats-Unis.

La vente de Saint-Pierre et Miquelon aux Etats-Unis ! Nous vendrions Saint-Pierre et Miquelon aux Etats-Unis ! Nous céderions des citoyens français contre dollars aux Etats-Unis ! Bien assez de leur avoir laissé passer Panama, sans Saint-Pierre et Miquelon, je suppose.

Je n'en crois pas un mot. Je puis croire et craindre beaucoup de choses ; mais en vérité, non, je ne crois pas, je ne crains pas celle-là.

Souvent le Drapeau tricolore avança parmi la grêle des balles contre quelque mur de feu, intrépide, stoïque, ardent, jamais plus beau.

Parfois le Drapeau tricolore se replia devant une grêle de balles et un mur de feu. La France eut assez de gloire pour ne pas redouter cet aveu. Il n'est pas mauvais même qu'elle songe de temps en temps à ces défaites. Du reste, quel est le Drapeau du monde qui n'a jamais reculé.

Mais reculer, se replier devant une pluie, fût-elle

abondante, de pièces de cent sous ! (1) Cela n'est pas
dans ses habitudes. Cela n'y passera pas.

Saint-Pierre et Miquelon sont nôtres, nous les gar-
derons, et les gardant nous nous y intéresserons, et nous
y intéressant nous leur tendrons une main secourable
et fraternelle.

Vous devinez que, je le sais bien, c'est au nom des
pères que je viens de plaider pour les fils.

Au surplus est-ce si mal fait ? S'il est écrit que Dieu
poursuit le péché des pères jusqu'à la quatrième géné-
rations des enfants, pourquoi le droit me serait-il
dénié d'évoquer la gloire des aïeux afin de vous apitoyer
sur les misères des descendants. Saint Paul le faisait
bien. Ne puis-je faire ce que faisait saint Paul ?

Mais j'ai hâte de vous l'exprimer : les fils mêmes
sont dignes de votre cordialité.

Qui sont-ils, en effet ? Vous l'avez dit tout à l'heure.

Ce sont des pêcheurs de morue. Des utiles, des labo-
rieux, des courageux.

Croiriez-vous, Monseigneur, me disait, il n'y a pas
longtemps, une grande dame qui me fait présentement
l'honneur de m'écouter, — je l'ai aperçue — croiriez-vous
que j'ignore ce que c'est que la morue. J'en ai vu. Je
n'en ai jamais goûté.

Je le crois fort bien. Il n'en est pas moins vrai que
la morue est le saumon, le turbot du peuple, en beaucoup de pays son seul poisson. Les Saint-Pierrais, les
Miquelonnais, pour parler le langage de nos côtes, les
Terre-Neuvas, le prennent ce poisson : et produisent
à cette occasion pour cinquante ou soixante millions
de trafic ; ce qui ne signifie pas qu'ils gagnent cinquante
millions par an. S'ils gagnaient cinquante millions par
an, il faudrait leur laisser le soin de se bâtir une église.

---

(1) Bonaparte, premier consul, a bien vendu une partie de la Louisiane,
pour un certain nombre de millions. Il sera bon d'étudier les circonstances
du marché, avant de le juger.

Un pêcheur de morue gagne, en moyenne, pendant la saison, huit ou neuf cents francs.

Vous voyez, ces gens ne sont pas des oisifs.

Et quel métier ! Cette campagne qui va, interminable, ininterrompue, pendant cinq ou six mois, en des parages où tout est surprise et traîtrise : écueils, flots, barques voisines même. Le jour, peu ou pas de soleil ; le plus souvent un énorme falot jaunâtre qui promène sa lumière vague, imprécise, impuissante, presque sinistre, à travers une implacable brume. La nuit, peu ou pas d'étoiles. Le jour, la nuit, pas de communication avec les humains, excepté ceux du bord et de temps en temps le bâtiment d'Etat qui porte le courrier, ou le bâtiment hôpital, qui porte les malades ou enfin quelque bâtiment de pêche, duquel on se défend comme on peut dans la demi-obscurité. Pas de propreté, hélas ; ni ablutions, ni linge blanc. Les mains éternellement dans les gluances de poisson et la saumure. En somme, imaginez des gens ensevelis dans un linceul de brouillard d'avril à septembre, pêchant, pêchant encore et toujours des morues ; éventrant, éventrant encore et toujours leur capture ; enfin la salant, la salant encore et toujours. Telle est leur vie.

La seule diversion que ces hommes connaissent, diversion terrible : c'est le vent déchaîné, la mer démontée, le bâtiment porté aux nuages et redescendant brusquement aux abîmes, c'est la tempête !

La tempête. Combien qui partirent et ne revinrent jamais !

Je connais, j'aime un jeune Vicaire Apostolique des îles Saint-Pierre et Miquelon dont le père était patron d'une goëlette. Il s'en alla un commencement de printemps avec de fiers et braves compagnons comme lui : tous Basques. Le soleil riait sur l'Adour blonde et la Nive bleutée. Il couronnait de pourpre la Rhune aux larges flancs et le mont des Trois-Couronnes, diadème géant, sculpté par le Créateur, pour séparer l'Espagne de la France, un jour de son printemps éternel, qu'il lui plut de faire de l'orfèvrerie en granit.

Le patron laissa au pays de Bayonne une femme et neuf enfants. Il s'en alla, dis-je. Ni sa femme ni ses enfants ne le revirent. Une plaque de marbre noir, dans l'église du village natal, apprend à ceux qui passent que le capitaine Légasse s'est perdu sur les côtes de Terre-Neuve, et qu'il faut prier pour lui et ses matelots. Est-ce pour cela, Monseigneur, est-ce que, mû par ce douloureux souvenir, vous avez voulu vous dévouer aux pêcheurs de morue ? Si c'est pour cela, et je le crois, vous êtes un brave cœur.

Ne vous êtes-vous jamais demandé, Messieurs, comment il advint que des hommes qui pourraient être laboureurs, par exemple, ont l'idée de se faire marins sur les flottilles qui pêchent la morue ? Moi, oui, j'ai souvent cherché ce pourquoi-là. Et j'en ai trouvé plusieurs raisons.

D'abord, voyez-vous, la mer n'est pas uniquement ce que dit le poète ; elle ne cache pas seulement aux regards du monde l'inaccessible abri de Circé : elle-même est la Circé ensorcelante et perfide ; mieux encore — puisque nous parlons payen, pour un instant, — l'aphrodite toujours jeune, en son éternelle beauté.

La mer, c'est la magnifique vivante, capricieuse et mobile ; qui va, qui vient ; qui se revêt d'émeraude, d'azur, d'aube, de nuit, de joie, de deuil, d'étincellement ; qui s'étale au grand jour ; qui s'enveloppe de mystère ; qui chante, qui murmure, qui rugit, qui gémit une douce plainte, qui lamente d'immenses douleurs. La mer s'irrite et frappe : elle aime et elle caresse. Et tout cela, coups et câlineries, est démesuré comme elle.

L'homme même sans lettres, sans culture, sans art, fût-il fruste et rude, comme parfois le matelot Saint-Pierrais, se laisse prendre aux séductions de l'enjôleuse. Peut-être même en sera-t-il plus violemment saisi que ne le sera l'être qui les analyse. Analyser atténue l'impression... Et alors ce sera fait à jamais. Il lui faudra la mer ; éloigné de la mer, il aura la nostalgie de la mer. Près d'elle il vivra, près d'elle il mourra. Loin d'elle, tout lui sera vague dégoût, vague ennui, et je ne sais quel vide d'âme.

Faites attention encore que la mer — par cela seul qu'elle présente d'effrayants contrastes — éveille et enchante ce fond d'être aventureux, qui inquiète et remue sourdement les meilleurs, peut-être, d'entre nous.

Labourer, semer, récolter, voir grossir ses bœufs, pousser ses pommes, c'est intéressant pour un « terrien » de Normandie, de Bretagne, de Basse-Navarre. Mais pour un matelot, un matelot de race, y pensez-vous ?... A la bonne heure ! partir par brillant soleil, jeter son filet au hasard du jour, le remplir parfois jusqu'à le rompre, parfois le retirer vide. A la bonne heure ! affronter le grain qui glace, lutter contre la tempête mortelle, fuir devant le vent par une manœuvre dont on s'entretient six mois durant au cabaret ; c'est du courage dépensé, cela ; c'est la mise à la loterie, avec chance ou déveine, cela. C'est de la vie, cela.

Je me rappelle que, dans le temps où j'étais secrétaire général de l'Evêché de Bayonne, on montrait dans un de nos petits ports de la côte basquaise un vieux patron de barque retiré, qui jouissait d'une réputation spéciale. Il avait servi sous Joinville, avait même conquis un petit grade. Vous entendez qu'un marin, qui avait porté les galons de laine près de sept ans, sur les bâtiments du roi, devait bien avoir assisté à quelque fait d'arme. Il racontait donc avec un infini sérieux, (un de ces sérieux que connaissent seuls les gens dont le visage s'est bronzé dans le léger vent frais qui a passé sur la Garonne) qu'il avait assisté au « siège de Béthulie, là où *Judic* tua *Lopherne* ». Comme tant d'autres, je lui fis certain jour d'automne narrer son aventure. Il ne m'apprit rien. Je connaissais d'avance, par bruit public, l'histoire du « siège de Béthulie où *Judic* avait tué *Lopherne* » et le rôle glorieux qu'y avait joué Mànèche le marin. Les faits d'abordage et de canonnade étaient gravés sur ce cerveau durci, comme les caractères sur la stèle de Mésa. Rien n'y pouvait changer rien. Mais je n'oublierai jamais ses attitudes tandis que je l'écoutais ; notamment la différence du salut qu'il envoyait, de son siège de bois, à ses amis et connaissances. Aux uns, un coup de tête à peine. Aux autres un « Bonjour mon fils » bien cordial, presque attendri. Et comme de ces inégalités de traitement je demandais la cause : « Bast, me dit le vieux, vous ne vous apercevez donc pas que ceux-ci ne sont que des terriens ? Ils sont bien reconnaissables allez. Ils n'ont jamais marché que sur le plancher aux brebis ! Ceux-là, au contraire, ce sont des matelots, Monsieur ; des matelots, de vrais matelots de père en fils. »

Je compris. Il faut du courage pour être matelot. Et les matelots sont fiers de leur état, tiennent à leur état, parce que leur état manifeste leur courage.

Les Terre-Neuvas, les Saint-Pierrais, les Miquelonnais marchent, je vous assure, sur un autre plancher que celui aux brebis. Ils sont de fiers hommes, sans peur ; et je le crois, sans reproche, sauf qu'ils boivent un peu la goutte : (le froid leur sera sans doute une circonstance atténuante au tribunal des hommes, car pour celui de Dieu, j'en réponds.) Dans la vaste famille française, ils jouent un rôle important, plus important même que ne pourrait le faire supposer leur chiffre de population, puisqu'ils collaborent si largement à l'alimentation populaire de la Mère-Patrie, et par un travail si dur. Faut-il vous dire qu'en cas de guerre, ils sont une des ressources de notre marine militaire ? Faut-il vous dire que cette marine militaire est admirable ? Faut-il vous rappeler ce qu'ils firent en 70 ?

L'Evêque d'Orléans a plus de raison que bien d'autres de ne pas l'ignorer,

Les marins ont tiré les derniers coups de canon qui protégèrent notre ville contre la seconde invasion prussienne. Ils furent, à leurs postes, les témoins et les héros d'une aventure qui ne manque ni d'héroïsme ni de grâce.

Un soir, en effet, de ce terrible temps, un homme vêtu d'une blouse bleue alla frapper à la porte de Mgr Dupanloup. L'homme et l'Evêque se regardèrent un instant silencieux. Puis le dernier ouvrit ses deux bras : « Comment, c'est vous ?... fit-il, Que venez-vous chercher ici ? — Oh ! pas grand chose, un coin pour me battre. Et déjà un de mes neveux a réussi. Il est je ne sais où, sous le nom de Robert le Fort. Et puis, je suis si peu exigeant : un poste de canonnier, surtout parmi les marins, serait absolument ce qu'il me faudrait. L'Evêque, entendant ce fils de France, amiral jadis des flottes royales, qui réclamait un poste de canonnier pour défendre la Patrie violée, eut la vision de quelque chose de grand, de déjà connu au temps de la chevalerie ; il laissa couler deux larmes sur ses joues ; et assura le duc de Joinville qu'il y avait des marins dans la garnison. Le lendemain matin, l'homme à la blouse bleue se mit à leur recherche. Ils avaient installé une batterie de grosses pièces sur la butte de Beauvoir, d'où ils faisaient quelque mal à l'ennemi. Celui-ci les découvrit enfin. Ce fut alors un déluge de feu au-dessus de leurs têtes. L'homme à la blouse regardait, impassible. Les marins étaient intrigués. L'un d'eux s'enhardit : « Pardon, fit-il, vous n'avez pas peur, vous ? — Oh ! moi, répondit Joinville, je suis sourd ; cette musique me gêne moins qu'un autre. »

Une heure plus tard, les marins tiraient leur dernier coup. Cela fait, ils entraînèrent leurs pièces, comme ils purent. Et le prince se sépara d'eux, murmurant : « Quels soldats ! Quels admirables soldats ! »

Cela est vrai ! Or, ces admirables soldats se recrutent en partie parmi les pêcheurs de morues.

Ce sont ces braves gens utiles, hardis, vrais fils de France, débris mutilés d'un passé de gloire et de prospérité que je vous recommande.

Ils aimaient leur Eglise. C'était le foyer commun et sacré de ces 12.000 hommes, bons ouvriers, bons Français, bons chrétiens.

Croyants, à l'heure du départ ils allaient demander au Dieu qui multiplie le grain de blé dans les sillons et le poisson dans les flots, de leur donner une pêche heureuse. Au retour, ils lui offraient leurs actions de grâces ou lui présentaient leurs doléances. La tempête les avait-elle mis en péril, avaient-ils fait pendant l'orage quelque vœu à la Vierge, on les voyait monter pieds nus, visage grave, chapelet en main, la rue abrupte qui aboutit au temple. Il y entraient, y déposaient en ex-voto une plaque en marbre ou un minuscule bateau en bois, s'agenouillaient, entendaient la Messe, et retournaient à leur dure existence, plus confiants en l'avenir. Dans l'intervalle des longues pêches, à la saison d'hiver, ils se pressaient autour de leur curé, de leurs vicaires, pour assister aux offices et entendre la parole de Dieu. On leur contait l'histoire divine de Jésus-Christ ; celle des douze pêcheurs qui ont sauvé le monde ; on leur montrait le ciel, où les attendent le repos et la récompense. Ils se restauraient l'âme en cette atmosphère de candide vérité.

Aujourd'hui ce foyer de lumière et de paix leur manque. Voulez-vous le leur rendre ?

Au nom du passé que j'ai évoqué au-dessus de leur tête comme le faisait saint Paul au-dessus de la tête des Hébreux convertis ; au nom de leurs efforts personnels, mais fatalement impuissants (ils sont pauvres) ; au nom de leurs services, au nom de leur vaillance, au nom du besoin qu'ils ont d'une Église, voulez-vous leur rendre une Église ?

Paris a déjà fait beaucoup. Pour eux, vous, cher

Monsieur le Curé, vous vous êtes inscrit généreusement, le plus généreusement de tous, en tête d'une souscription ; pour eux, Mgr l'Archevêque a élevé sa voix très respectée ; pour eux, des journalistes, un académicien, un académicien bon et charitable, ont taillé leur plume des meilleurs jours ; pour eux, vous êtes allés entendre, mercredi dernier, un de leurs compatriotes, Botrel. C'est bien.

Pour eux, vous allez m'exaucer moi-même. Vous serez bons pour ces frères du pays sans soleil, ni chaleur, frères d'autant plus aimés qu'ils sont plus dénués.

Donc, pour nos Saint-Pierrais et nos Terre-Neuvas, la charité, s'il vous plaît, mes Frères !

Le bon Dieu vous le rendra.

Imp. G. Enard, 28, Boulevard Sébastopol, Paris

Voilà tout ce que reste de l'unique église de notre île française de St Pierre (Terre-Neuve) !......
Pour l'amour de Dieu et au nom de nos braves pêcheurs de morue, aidez-nous à la relever !
    + Ch. Légasse, Préfet Apostolique
Supérieur Ecclésiastique des Iles St Pierre & Miquelon

Incendie de la nuit du 1ᵉʳ au 2 Novembre 1902

Mgr Légasse actuellement à Paris — 22, rue de Varenne — réclame avec instance la petite offrande.

www.ingramcontent.com/pod-product-compliance
Ingram Content Group UK Ltd.
Pitfield, Milton Keynes, MK11 3LW, UK
UKHW021021220726
13924UKWH00001B/118